NATIONAL GEOGRAPHIC

Peldaños

SÍMBOLOS DE LA libertad

MARAVILLAS ESTADOUNIDENSES

2 **La explanada nacional de Washington, D.C.** *Artículo de referencia*
por Sheri Reda, ilustraciones de Eric Larsen

4 **Un terremoto monumental** *Artículo de Estudios Sociales*
por Sheri Reda

10 **La creación de un monumento** *Artículo de Historia*
por Hugh Westrup

16 **Homenaje a Abe, el honesto** *Novela gráfica*
por Elizabeth Massie, ilustraciones de David Harrington

24 **La historia de un sueño** *Biografía*
por Becky Manfredini

32 **Comenta**

LA explanada nacional
DE WASHINGTON, D.C.

por *Sheri Reda*
ilustraciones de *Eric Larsen*

La explanada nacional de Washington, D.C., es un parque grande lleno de césped que está bordeado con árboles y museos. La explanada es un gran sitio para desfiles y eventos políticos. También es el lugar donde pueden verse algunos de los **monumentos** estadounidenses más famosos. Estos monumentos que homenajean a personas y sucesos importantes de la historia estadounidense son **símbolos** poderosos de la libertad. Representan los ideales por los que los estadounidenses han estado luchando a lo largo de la historia.

Monumento a Washington

El monumento a Lincoln se terminó de construir en el año 1922. Tiene 36 columnas de mármol: una por cada estado de la Unión cuando Lincoln murió en el año 1865.

Espejo de agua del monumento a Lincoln

Monumento a Martin Luther King, Jr.

El monumento a Martin Luther King, Jr, tallado en un bloque de piedra sólida, es el monumento más reciente de la explanada y un tributo a un héroe nacional.

Monumento a Lincoln

El espejo de agua se encuentra entre el monumento a Lincoln y el monumento a Washington. Mide más de 2,000 pies de largo pero tiene menos de tres pies de profundidad.

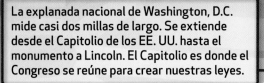

La explanada nacional de Washington, D.C. mide casi dos millas de largo. Se extiende desde el Capitolio de los EE. UU. hasta el monumento a Lincoln. El Capitolio es donde el Congreso se reúne para crear nuestras leyes.

Capitolio de los EE. UU.

Espejo de agua del Capitolio

El espejo de agua del Capitolio se agregó a la explanada en la década de 1970. Refleja el Capitolio de los EE. UU. y atrae a muchos visitantes.

jardines de la explanada

El monumento a Washington, terminado en el año 1884, es el monumento más antiguo y alto de la explanada.

El monumento a Jefferson se terminó de construir en el año 1943. Domina la Cuenca Tidal, un cuerpo de agua conectado al cercano río Potomac.

Monumento a Jefferson

cerezos

En el año 1912, Japón le envió a los Estados Unidos más de 3,000 cerezos como obsequio. Los árboles se plantaron en la explanada nacional de Washington, D.C. Muchas personas visitan la explanada en primavera, cuando estos árboles florecen.

Compruébalo ¿Quiénes son algunos de los estadounidenses famosos homenajeados aquí? ¿Qué monumento visitarías primero y por qué?

Un terremoto MONUMEN

por Sheri Reda

Párate junto al monumento a Washington y mira hacia arriba. Quizá te preguntes si la cúspide perfora el cielo. Los turistas no pueden perderse el monumento. Con casi 555 pies de alto, se eleva sobre la explanada nacional de Washington, D.C. para homenajear a nuestro primer presidente, George Washington.

El monumento es un tributo apropiado para un gran líder. George Washington fue nombrado jefe del ejército estadounidense poco después de que comenzara la Guerra de la Independencia. Esa fue una guerra entre las colonias y Gran Bretaña. La lucha estalló en el año 1775. Más tarde, Washington fue electo presidente de la recientemente formada nación. Cumplió dos mandatos como líder del país.

En un día cualquiera, puede verse a cientos de turistas caminando por los terrenos del monumento a Washington. Los visitantes pueden subir los 897 escalones de la torre o tomar un ascensor hasta la cima, donde pueden apreciar vistas de la explanada, la Casa Blanca y Washington, D.C. Incluso pueden ver los estados de Maryland y Virginia a lo lejos. Sin embargo, la tarde del 23 de agosto de 2011, los turistas sintieron que la torre comenzaba a hacer ruido y sacudirse. Pequeños trozos de piedra cayeron del techo. Los turistas miraban hacia arriba, sobresaltados y confundidos. ¿Fue el viento? ¿Fue un accidente?

Era un **terremoto**, un movimiento violento en la corteza terrestre. El terremoto sacudió toda la Costa Este, incluido Washington, D.C.

> Inspectores verifican que no haya daños en el monumento a Washington después del terremoto.

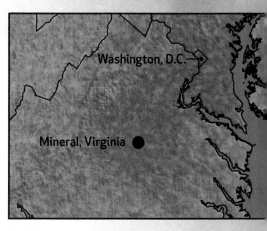

^ El epicentro del terremoto fue cerca de la ciudad de Mineral, en Virginia. Eso queda a más de 80 millas al sudoeste de Washington, D.C. Personas de lugares tan lejanos como Nueva York, Georgia e Illinois informaron que sintieron el terremoto.

El daño que se produjo

Los guardabosques sirven como guías turísticos a las personas que visitan el monumento. Los guardabosques comenzaron a evacuar a los turistas rápidamente, conduciéndolos fuera de la estructura y lejos del peligro. Sus esfuerzos fueron exitosos. Nadie resultó herido.

Después de que el suelo dejó de sacudirse y el polvo se asentó, se inspeccionó la torre cuidadosamente en busca de daños. Los expertos comenzaron en la cúspide del monumento y **descendieron en rapel** por la parte externa para examinar cada bloque de piedra. Varios de los bloques estaban dañados. Seis bloques en la cúspide tenían grietas grandes, y la **argamasa** que había entre los bloques estaba rota en muchos lugares. Basándose en la cantidad de daño que hallaron, los inspectores declararon que el edificio no era seguro. Lo cerraron al público hasta que se pudiera reparar.

> Los trabajadores hacen equilibrio en un andamio de metal mientras reparan y refuerzan el monumento después de que lo dañara el terremoto.

∨ El terremoto que sacudió el monumento a Washington fue suficientemente fuerte para agrietar el edificio y desprender este trozo de mármol.

DATOS DEL MONUMENTO A WASHINGTON

- Los 36,491 bloques de granito blanco del monumento a Washington pesan un poco más de 81,000 toneladas en total, y los cimientos pesan otras 20,000 toneladas.

- El monumento es un **obelisco** egipcio tradicional: una torre alta de cuatro lados con una pirámide en la cúspide.

- El monumento es el edificio de piedra sin cimientos más alto del mundo.

- Las paredes tienen un grosor de 15 pies en la base, pero de solo 18 pulgadas cerca de la cúspide.

- No a todos les gustó el diseño final del monumento a Washington. El diseño del arquitecto Robert Mills tenía más ornamentos. Creía que el monumento se vería demasiado sencillo. Decía que parecería un tallo de espárrago.

Construido para perdurar

El daño al monumento a Washington pudo haber sido peor. Afortunadamente, los trabajadores se habían tomado su tiempo para construir la torre de piedra con cuidado y de manera segura. De hecho, les tomó más de 40 años construirla. La construcción de la torre comenzó en el año 1848, pero unos cuantos años después, el trabajo se interrumpió debido a la falta de dinero. Luego, con solo un tercio del monumento construido, comenzó la Guerra Civil. Eso demoró la construcción aún más. Con 156 pies de alto, el monumento no terminado se parecía más a una chimenea que a una torre importante. Finalmente, la torre se terminó de construir en el año 1888. Muchas personas fueron a Washington, D.C., a verla. Se maravillaron ante la alta torre de piedra. Era el edificio más alto del mundo en esa época. Y se había construido para que perdurara, incluso durante un terremoto.

En la actualidad, el monumento a Washington sigue de pie como símbolo de nuestra nación y monumento al primer presidente de nuestro país. Pero se necesitan reparaciones importantes y medidas de seguridad para que siga siendo seguro en caso de que ocurra otro terremoto. Se reabrirá el edificio para los turistas una vez que esté completamente reparado y restaurado. Mientras tanto, el monumento más reconocible de la explanada nacional de Washington, D.C. sigue siendo un bello lugar para las celebraciones.

El monumento a Washington todavía tenía colocado su andamio el 4 de julio de 2013. De todos modos, era un lugar perfecto para observar los fuegos artificiales.

Compruébalo ¿Qué partes del monumento a Washington se dañaron más por el terremoto?

La creación de un
monumento

por Hugh Westrup

Un defensor de la libertad. Así ven los estadounidenses a Thomas Jefferson, uno de los fundadores de nuestra nación y el tercer presidente de los Estados Unidos. Jefferson fue el principal autor de la Declaración de Independencia, el documento que les declaró a los británicos que las colonias americanas querían su libertad. Sus ensayos y discursos nos han enseñado la importancia de la independencia. Es fácil ver por qué el Congreso de los EE. UU. aprobó la creación de un monumento a Jefferson en el año 1934, pero fue más fácil decirlo que hacerlo. ¿Dónde se ubicaría? ¿Qué aspecto tendría?

Esas preguntas y más debían responderse antes de poder comenzar la construcción. El Congreso le asignó a un grupo de personas la toma de todas estas decisiones.

El sitio que seleccionaron tenía una vista perfecta de la Casa Blanca, pero estaba justo en medio de un bosquecillo de cerezos. Eso era un problema, ya que los árboles deberían trasladarse. La ciudad de Tokio, Japón, había enviado esos bellos árboles a Washington, D.C. como obsequio. A algunos les preocupaba que el traslado pudiera ofender a los japoneses. Además, desenterrar los árboles podía dañarlos, y nadie quería que los árboles resultaran dañados. Al final, los trabajadores trasladaron algunos de los cerezos a nuevas ubicaciones. Muchos cerezos todavía rodean al monumento.

∨ Unos manifestantes se encadenaron a los cerezos en el año 1938 para evitar que los trasladaran para dejar espacio al monumento.

Un diseño antiguo

Una vez que se eligió la ubicación, fue momento de elegir el diseño del monumento. Los diseñadores del monumento a Jefferson incluían al **arquitecto** John Russell Pope, quien quería que se pareciera al antiguo Panteón de Roma. El Panteón se había construido 1,800 años antes en Roma, Italia. El diseño del Panteón presenta **columnas** en la parte delantera y como techo, un **domo**. Pope había diseñado otros edificios basándose en los estilos de las antiguas Grecia y Roma.

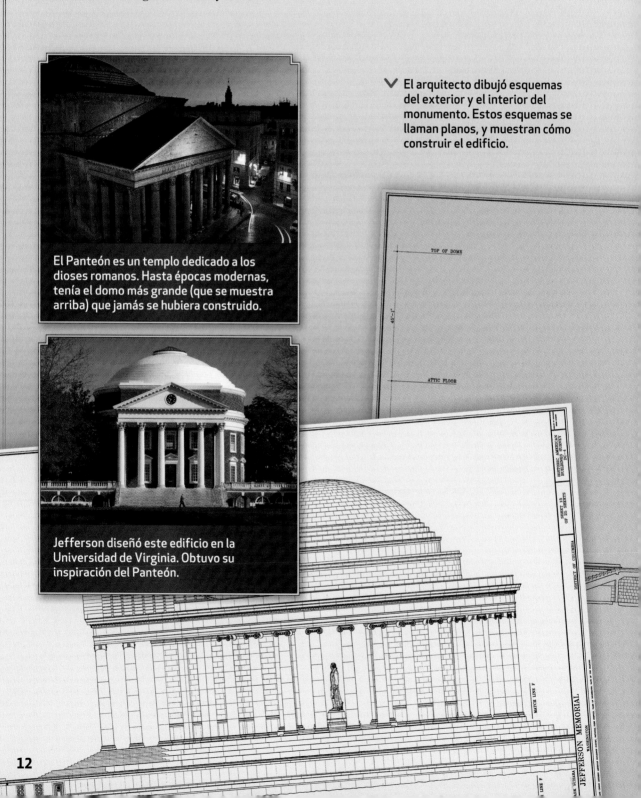

El Panteón es un templo dedicado a los dioses romanos. Hasta épocas modernas, tenía el domo más grande (que se muestra arriba) que jamás se hubiera construido.

Jefferson diseñó este edificio en la Universidad de Virginia. Obtuvo su inspiración del Panteón.

⋁ El arquitecto dibujó esquemas del exterior y el interior del monumento. Estos esquemas se llaman planos, y muestran cómo construir el edificio.

Pope y los diseñadores tenían una buena razón para elegir este diseño antiguo. Jefferson también había sido arquitecto y había basado el diseño de varios edificios en el Panteón. Sin embargo, no a todos les gustaba este aspecto antiguo. Algunos argumentaban que un monumento construido en el siglo XX debía tener un aspecto moderno, no antiguo. Llamaron "inadaptación" e "insulto a la memoria de Thomas Jefferson" a la estructura planeada. Pero al presidente Franklin D. Roosevelt le gustaba el diseño. Les pidió a los constructores que usaran el diseño antiguo y comenzaron a trabajar en el monumento a Jefferson.

El edificio Chrysler, en la ciudad de Nueva York, se construyó solo unos años antes del monumento a Jefferson. Su aspecto ingenioso muestra el estilo moderno de arquitectura que algunos habrían preferido para el monumento.

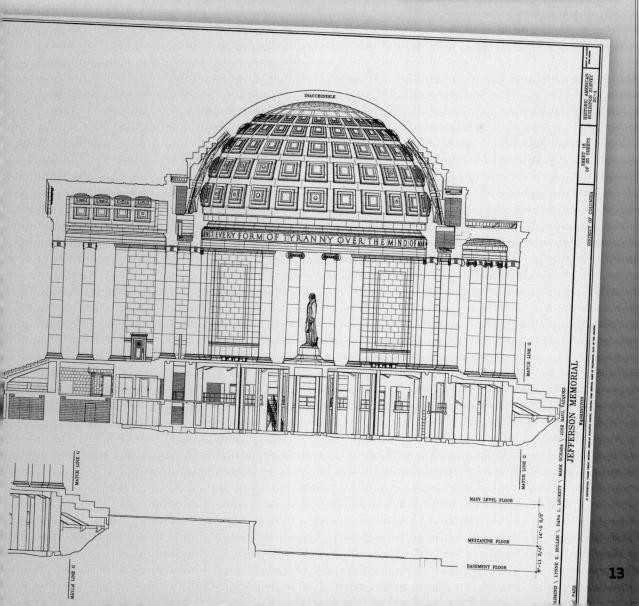

Palabras poderosas, estatua poderosa

Thomas Jefferson fue un escritor y orador famoso, y sus palabras tenían gran poder. Tenía sentido incluir las palabras más importantes de Jefferson en su monumento, pero, ¿qué palabras mostraban mejor las creencias de Jefferson? Una cita que se eligió provino de la segunda línea de la Declaración de Independencia:

"Sostenemos que estas verdades son evidentes por sí mismas, que todos los hombres han sido creados iguales, que fueron dotados por su Creador de ciertos derechos inalienables como el derecho a la vida, a la libertad y a la búsqueda de la felicidad".

Esas palabras famosas están grabadas en piedra dentro del muro del monumento. Algunos se quejaron de la cita. Como Jefferson no fue el único que escribió el documento, argumentaban que estas palabras quizá no habían sido suyas.

Otras cuatro citas aparecen en el muro interior del monumento. Tuvieron que acortarse para que cupieran y fuera más fácil leerlas. Algunos creyeron que los cambios significaban que las palabras grabadas no eran las que Jefferson dijo o escribió en realidad.

El plan del monumento requería una estatua de bronce de Thomas Jefferson en el centro. Pero los Estados Unidos luchaban en una guerra cuando se inauguró el monumento en el año 1943. La nación necesitaba metal para construir tanques, aviones, barcos y armas. Por lo tanto, los constructores no podían usar bronce para hacer la estatua. En lugar de eso, construyeron una estatua de yeso y la cubrieron con pintura de bronce. Cuando la guerra terminó, reemplazaron la estatua de yeso por una de bronce que homenajeaba correctamente a este gran líder.

SWORN U...

El Servicio de Parques Nacionales informa que más de dos millones de personas visitan el monumento a Jefferson cada año.

WE HOLD THESE TRUTHS TO BE SELF-EVIDENT: THAT ALL MEN ARE CREATED EQUAL, THAT THEY ARE ENDOWED BY THEIR CREATOR WITH CERTAIN INALIENABLE RIGHTS, AMONG THESE ARE LIFE, LIBERTY AND THE PURSUIT OF HAPPINESS, THAT TO SECURE THESE RIGHTS GOVERNMENTS ARE INSTITUTED AMONG MEN. WE··· SOLEMNLY PUBLISH AND DECLARE, THAT THESE COLONIES ARE AND OF RIGHT OUGHT TO BE FREE AND INDEPENDENT STATES···AND FOR THE SUPPORT OF THIS DECLARATION, WITH A FIRM RELIANCE ON THE PROTECTION OF DIVINE PROVIDENCE, WE MUTUALLY PLEDGE OUR LIVES, OUR FORTUNES AND OUR SACRED HONOUR.

Compruébalo ¿Cómo homenajea este monumento las palabras y las acciones de Jefferson?

HOMENAJE A ABE, EL HONESTO

por Elizabeth Massie

ilustraciones de David Harrington

Algunas personas son heroicas. Abraham Lincoln fue una de esas personas. Lincoln era un niño campesino sencillo, pero con mucho esfuerzo, se convirtió en un abogado exitoso y finalmente en el 16.° presidente de los Estados Unidos. Las experiencias y los desafíos que enfrentó mientras crecía ayudaron a formar al presidente en que luego se convertiría.

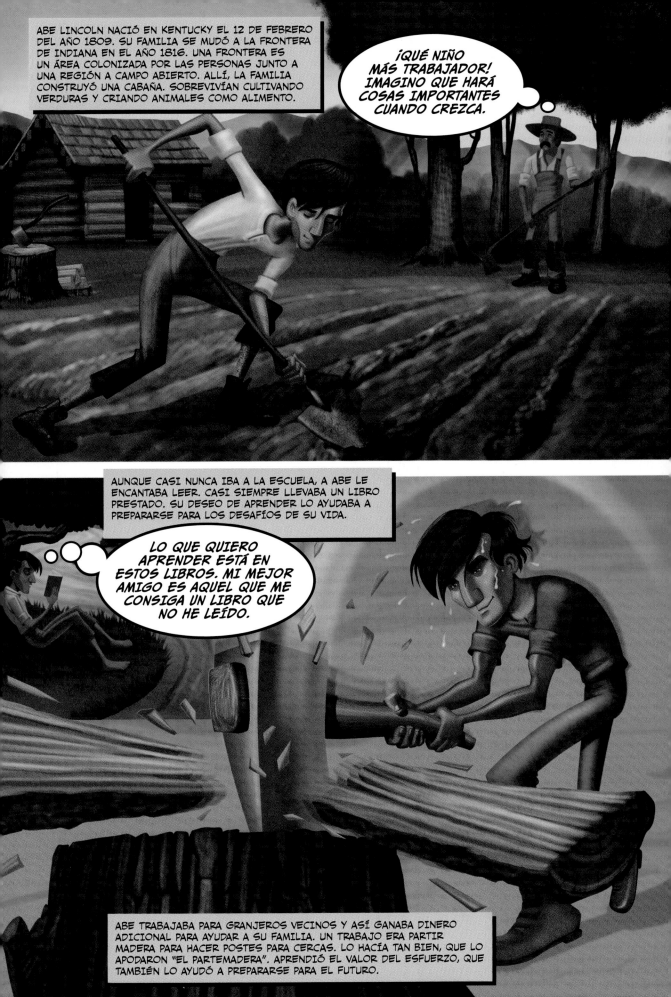

ABE LINCOLN NACIÓ EN KENTUCKY EL 12 DE FEBRERO DEL AÑO 1809. SU FAMILIA SE MUDÓ A LA FRONTERA DE INDIANA EN EL AÑO 1816. UNA FRONTERA ES UN ÁREA COLONIZADA POR LAS PERSONAS JUNTO A UNA REGIÓN A CAMPO ABIERTO. ALLÍ, LA FAMILIA CONSTRUYÓ UNA CABAÑA. SOBREVIVÍAN CULTIVANDO VERDURAS Y CRIANDO ANIMALES COMO ALIMENTO.

¡QUÉ NIÑO MÁS TRABAJADOR! IMAGINO QUE HARÁ COSAS IMPORTANTES CUANDO CREZCA.

AUNQUE CASI NUNCA IBA A LA ESCUELA, A ABE LE ENCANTABA LEER. CASI SIEMPRE LLEVABA UN LIBRO PRESTADO. SU DESEO DE APRENDER LO AYUDABA A PREPARARSE PARA LOS DESAFÍOS DE SU VIDA.

LO QUE QUIERO APRENDER ESTÁ EN ESTOS LIBROS. MI MEJOR AMIGO ES AQUEL QUE ME CONSIGA UN LIBRO QUE NO HE LEÍDO.

ABE TRABAJABA PARA GRANJEROS VECINOS Y ASÍ GANABA DINERO ADICIONAL PARA AYUDAR A SU FAMILIA. UN TRABAJO ERA PARTIR MADERA PARA HACER POSTES PARA CERCAS. LO HACÍA TAN BIEN, QUE LO APODARON "EL PARTEMADERA". APRENDIÓ EL VALOR DEL ESFUERZO, QUE TAMBIÉN LO AYUDÓ A PREPARARSE PARA EL FUTURO.

CUANDO ABE ERA JOVEN, TRABAJABA EN UNA TIENDA. UN DÍA SE DIO CUENTA DE QUE LE HABÍA COBRADO A UNA MUJER UNOS CUANTOS PENIQUES DE MÁS. CAMINÓ MUCHAS MILLAS HASTA LA CASA DE LA MUJER PARA DEVOLVERLE SUS PENIQUES.

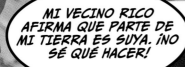

LO SIENTO, SEÑORA. ACCIDENTALMENTE LE COBRÉ DE MÁS.

VAYA, GRACIAS, ABE. ¡OJALÁ TODOS LOS COMERCIANTES FUERAN TAN HONESTOS COMO TÚ!

MI VECINO RICO AFIRMA QUE PARTE DE MI TIERRA ES SUYA. ¡NO SÉ QUÉ HACER!

¡NO ESTÁ BIEN QUE TENGA TANTAS DIFICULTADES! DÉJEME HABLAR DE ESTO CON EL CONCEJO MUNICIPAL.

EL TRABAJO EN LA TIENDA LE DABA A ABE LA OPORTUNIDAD DE HABLAR CON SUS VECINOS Y CONOCER SUS PREOCUPACIONES. OÍR LAS PREOCUPACIONES DE LA GENTE Y QUERER AYUDAR, HIZO SURGIR EN ABE UN INTERÉS EN LA POLÍTICA Y EL DERECHO.

EL INTERÉS DE ABE POR EL DERECHO CRECÍA, ASÍ QUE DECIDIÓ ESTUDIAR PARA CONVERTIRSE EN ABOGADO. TRABAJABA DURANTE EL DÍA Y ESTUDIABA DERECHO POR SU CUENTA EN LA NOCHE. VIAJÓ GRANDES DISTANCIAS PARA OBSERVAR A LOS ABOGADOS EN EL JUZGADO. ABE SE ESFORZÓ TANTO EN SU ESTUDIO DEL DERECHO COMO SE HABÍA ESFORZADO PARTIENDO MADERA.

NO HAY MANERA DE QUE PUEDA PAGAR LA UNIVERSIDAD DE DERECHO. QUÉ BUENO QUE EL JUEZ DRUMMOND ME PRESTA SUS LIBROS.

COMO ABOGADO, ABE TRABAJABA PARA HALLAR INTERESES COMUNES ENTRE LAS PERSONAS QUE TENÍAN DESACUERDOS. VEÍA LA FUNCIÓN DEL ABOGADO COMO LA DE UN PACIFICADOR. ESTA VISIÓN SERÍA MUY IMPORTANTE PARA ÉL CUANDO SE CONVIRTIERA EN LÍDER POLÍTICO.

TRANQUILOS, CABALLEROS. ESTOY SEGURO DE QUE PODEMOS LLEGAR A UN ACUERDO VIABLE.

¡UNA CASA DIVIDIDA NO PUEDE RESISTIR!

ABE COMENZÓ A HABLAR ABIERTAMENTE EN CONTRA DE LA ESCLAVITUD. EN EL AÑO 1858, LINCOLN PARTICIPÓ EN DEBATES CON UN POLÍTICO QUE SE LLAMABA STEPHEN DOUGLAS. LINCOLN ARGUMENTABA QUE LA NACIÓN NO PODRÍA SOBREVIVIR SI LA MITAD DE LOS ESTADOS ESTABAN EN CONTRA DE LA ESCLAVITUD Y LA OTRA MITAD LA APOYABA.

LINCOLN FUE ELECTO PRESIDENTE EN EL AÑO 1860. LOS ESTADOS DEL NORTE Y LOS ESTADOS DEL SUR NO ESTABAN DE ACUERDO EN CUANTO A LA ESCLAVITUD. SUS DESACUERDOS EMPEORABAN. ABE SE DIO CUENTA DE QUE DEBÍA REUNIR A LAS PERSONAS QUE NO ESTUVIERAN DE ACUERDO PARA RESOLVER EL PROBLEMA CRECIENTE DEL PAÍS.

ABRAHAM LINCOLN FUE ELECTO PRESIDENTE POR UN SEGUNDO MANDATO EN EL AÑO 1864. EN MARZO DE 1865, DIJO QUE SU OBJETIVO PARA LA NACIÓN ERA "PAZ PERMANENTE ENTRE NOSOTROS". LA GUERRA CIVIL TERMINÓ UN MES DESPUÉS. PERO EL 14 DE ABRIL DEL AÑO 1865, ABRAHAM LINCOLN RECIBIÓ UN DISPARO DE JOHN WILKES BOOTH, UN PARTIDARIO DEL SUR, Y MURIÓ. LA NACIÓN LAMENTÓ EL FALLECIMIENTO DE SU PRESIDENTE.

EL MONUMENTO A LINCOLN, EN WASHINGTON, D.C., SE INAUGURÓ EN EL AÑO 1922 PARA HOMENAJEARLO. ES UN EDIFICIO IMPRESIONANTE CON COLUMNAS Y 98 ESCALONES QUE ASCIENDEN DESDE EL ESPEJO DE AGUA QUE ESTÁ DELANTE DE ÉL. LA ESTATUA DE LINCOLN, DENTRO DEL MONUMENTO, MIDE 19 PIES DE ALTO. LAS PALABRAS GRABADAS SOBRE LA ESTATUA DICEN: "EN ESTE TEMPLO, COMO EN LOS CORAZONES DEL PUEBLO PARA EL QUE SALVÓ LA UNIÓN, SE CONSAGRA (HONRA) LA MEMORIA DE ABRAHAM LINCOLN PARA SIEMPRE".

¡ERA UN HOMBRE ADMIRABLE!

SI AHORA ME ESFUERZO MÁS, QUIZÁ CUANDO CREZCA SEA UN GRAN LÍDER COMO ABE, EL HONESTO.

¡ES MI PRESIDENTE FAVORITO!

Compruébalo ¿Cómo ayudaron las primeras experiencias de vida de Lincoln a formar un líder de nuestro país?

23

La historia de un sueño

por Becky Manfredini

Era su sueño que todos los ciudadanos estadounidenses tuvieran los mismos derechos. Soñaba con que el color de su piel o lo ricos o pobres que fueran no importaría. El Dr. Martin Luther King, Jr, lideró la lucha por los **derechos civiles** para lograr que su sueño se hiciera realidad.

El Dr. King se enfrentó a amenazas, violencia y prisión de parte de los que no estaban de acuerdo con él, pero nunca dejó su lucha. Siempre usó métodos pacíficos. Este proceso fue lento, pero efectivo.

> El Dr. Martin Luther King, Jr, asiste a una reunión de un grupo de derechos civiles que creó en la década de 1950.

Martin Luther King, jr, nació el 15 de enero de 1929 en Atlanta, Georgia. Sus padres, el reverendo Martin Luther King, padre y Alberta Williams King, les brindaron una feliz vida familiar a Martin, a su hermano y hermana.

El joven Martin experimentó la **segregación** por primera vez a los seis años, cuando dos amigos blancos le dijeron que sus padres no los dejaban jugar con él. En esa época, las leyes de la región sur de los Estados Unidos separaban a los ciudadanos afro-americanos y blancos en muchas partes de la vida pública. Por ejemplo, los niños afro-americanos y blancos no podían comer en los mismos restaurantes. No podían beber de los mismos bebederos. No podían ir a las mismas escuelas.

Martin era un estudiante brillante. Lo aceptaron en la Universidad Morehose, una universidad para afro-americanos, a los 15 años de edad. Pero quería seguir los pasos de su padre. Se convirtió en ministro antes de terminar la universidad.

Marchar a la libertad

Como ministro, el Dr. King estaba decidido a luchar contra la discriminación, el trato injusto a las personas. Predicaba sobre la igualdad en su iglesia y comenzó a liderar protestas pacíficas por todo el Sur. Tenía la esperanza de que los ciudadanos afro-americanos y blancos tuvieran los mismos derechos.

En el año 1955, otra persona se unió a la lucha del Dr. King en contra de la segregación. En Montgomery, Alabama, un conductor de autobús le dijo a una mujer afro-americana que se llamaba Rosa Parks, que le cediera el asiento a un hombre blanco. Parks se negó a ceder su asiento, y la pusieron en prisión. El Dr. King apoyó la acción de Parks y lideró un **boicot** de autobuses. Por un año, los afro-americanos se negaron a viajar en autobús en Montgomery. El boicot hizo que la compañía de autobuses perdiera dinero. En el año 1956, la Corte Suprema de los Estados Unidos ordenó a la ciudad que permitiera que los afro-americanos y los blancos se sentaran juntos en los autobuses.

Pero los autobuses, las escuelas y las tiendas no eran los únicos lugares donde se ignoraban los derechos civiles. En el año 1870, la 15.ª Enmienda a la Constitución

El Dr. King cambió nuestra nación liderando marchas pacíficas. Aquí, el Dr. King y su esposa Coretta participan de la Marcha en Contra del Miedo, en el año 1966. Caminaron más de 200 millas desde Memphis, Tennessee, hasta Jackson, Mississippi.

de los EE. UU. les otorgó a los afro-americanos el derecho al voto. Sin embargo, quedaron muchas leyes injustas. Esas leyes hacían que fuera difícil e incluso imposible que algunos afro-americanos votaran. Algunos tenían que tomar un examen de lectura y escritura antes de que pudieran registrarse para votar. Les dijeron a los afro-americanos que tenían que pagar un impuesto para votar. En el año 1957, el Dr. King realizó una manifestación en Washington, D.C., que inspiró a miles de personas a exigir los mismos derechos al voto.

En el año 1960, tanto los ciudadanos afro-americanos como blancos se esforzaban para promover los derechos civiles. El Dr. King animó a los estudiantes universitarios afro-americanos a que hicieran "sentadas". Se sentaban en áreas solo para blancos en los restaurantes y se negaban a irse hasta que les sirvieran. Muchos restaurantes llamaban a la policía para que arrestaran a los manifestantes. Estas protestas llegaron a las noticias nacionales. Personas de todo el país comenzaron a ver el trato injusto al que se enfrentaban los afro-americanos.

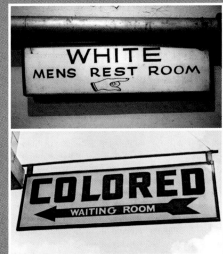

En muchos lugares del Sur, los ciudadanos afro-americanos y blancos no podían usar los mismos baños o salas de espera.

El Dr. Martin Luther King, Jr, se casó con Coretta Scott en el año 1953. La pareja vivía en Montgomery, Alabama. Tenían cuatro hijos: Yolanda, Martin, Dexter y Bernice.

El sueño crece

En agosto del año 1963, el Dr. King condujo a 250,000 personas en la Marcha a Washington por el Trabajo y la Libertad. Miles de estadounidenses de todas las razas se reunieron en la explanada nacional de Washington, D.C. Hablaron los líderes de los derechos civiles y actuaron cantantes. Pero todos esperaban que el Dr. King les hablara.

El Dr. King se puso de pie en el monumento a Lincoln ante la estatua de Lincoln, un hombre cuyos esfuerzos ayudaron a terminar con la esclavitud. La poderosa voz del Dr. King se elevó. La multitud se quedó en silencio. Había preparado un breve discurso, pero el Dr. King comenzó a hablar desde su corazón.

La pacífica Marcha a Washington se transmitió a los televidentes de la nación. Puso a muchos estadounidenses cara a cara con el Movimiento de los Derechos Civiles.

Posteriormente, el Dr. King le dijo al estudiante de posgrado Donald Smith: *"Comencé leyendo el discurso... la respuesta del público era maravillosa ese día... Y de repente, se me ocurrió algo... 'Tengo un sueño...'"*. En ese momento, dejó de leer el discurso que había preparado. En lugar de eso, habló sobre su sueño de igualdad. Este famoso discurso se conoce como su discurso "Tengo un sueño", y sus palabras conmovedoras inspiraron a millones de personas a asumir la causa de los derechos civiles.

"Tengo un sueño" sigue siendo uno de los discursos más sentidos y conmovedores en apoyo de los derechos civiles.

Recuerda el sueño

A los 35 años de edad, el Dr. King se convirtió en la persona más joven en recibir el Premio Nobel de la Paz. Este honor se otorga a las personas que promueven la paz en todo el mundo. Donó el dinero del premio al Movimiento de los Derechos Civiles y continuó persiguiendo su sueño. Sin embargo, el 4 de abril de 1968, el Dr. King recibió un disparo y murió en Memphis, Tennessee. La nación se conmovió ante la noticia y lamentó esa gran pérdida, pero el trabajo del Dr. King aún inspira a luchar contra la discriminación.

En la actualidad, su sueño continúa viviendo en el Monumento Nacional a Martin Luther King, Jr, en Washington, D.C. Se encuentra cerca del

⌃ La imagen del Dr. King está tallada en una roca llamada "Piedra de la Esperanza".

monumento a Lincoln, donde el Dr. King dio su famoso discurso. El monumento presenta la imagen de King tallada en piedra. Parece como si King estuviera saliendo de un trozo de roca sólida. La imagen de este gran líder se yergue decidida y noble.

El **legado** del Dr. King continúa hasta la actualidad. Los estadounidenses lo celebran todos los eneros en el Día de Martin Luther King, Jr, un feriado nacional que honra su vida y obra. Sus esfuerzos incansables hicieron posible la Ley de Derechos Civiles de 1964, que prohíbe la discriminación basada en la raza o el género. Un año después, el Congreso aprobó la Ley de Derecho al Voto de 1965. Esta ley eliminó las prácticas injustas que habían evitado que los afro-americanos pudieran votar. Gracias al Dr. King, estamos más cerca que nunca de verdaderos derechos civiles para todos los estadounidenses.

"Si no puedes volar, entonces corre, si no puedes correr, entonces camina, si no puedes caminar, entonces arrástrate, pero hagas lo que hagas, debes seguir moviéndote hacia adelante". —DR. MARTIN LUTHER KING, JR.

Compruébalo ¿Cómo usó el Dr. Martin Luther King, Jr, medidas pacíficas para luchar por los derechos civiles?

Comenta

1. ¿Qué conexiones puedes hacer entre los cinco artículos de este libro? ¿Cómo se relacionan los artículos?

2. ¿Qué es un símbolo de la libertad? ¿En qué sentido los monumentos de la explanada nacional de Washington, D.C. son símbolos de la libertad? ¿Se te ocurren otros?

3. ¿Cuáles eran algunas de las cualidades personales de Abraham Lincoln que hacían que fuera un gran líder?

4. El Dr. Martin Luther King, Jr, soñaba con la igualdad y la justicia para todos los estadounidenses. En tu opinión, ¿este sueño se ha hecho realidad? Explica tu respuesta.

5. ¿Qué más te gustaría saber sobre los líderes famosos de nuestro pasado que inspiraron esos monumentos? ¿Cómo puedes averiguar más?